LOUIS FROMENT

OUVRIER DOREUR

L'OUVRIER

AVANT

LES SOCIÉTÉS DE SECOURS MUTUELS

ET DE PRÉVOYANCE

PARIS

IMPRIMERIE CENTRALE DES CHEMINS DE FER

A. CHAIX & Cie

RUE BERGÈRE, 20, PRÈS DU BOULEVARD MONTMARTRE

1877

LOUIS FROMENT

OUVRIER DOREUR

—

L'OUVRIER

AVANT

LES SOCIÉTÉS DE SECOURS MUTUELS

ET DE PRÉVOYANCE

PARIS

IMPRIMERIE CENTRALE DES CHEMINS DE FER

A. CHAIX & Cie

RUE BERGÈRE, 20, PRÈS DU BOULEVARD MONTMARTRE

1877

L'OUVRIER

AVANT

LES SOCIÉTÉS DE SECOURS MUTUELS

ET DE PRÉVOYANCE

Aux rayons du soleil, dans un jour de beauté,
Un grand homme a fondé notre Société.

Bienfaiteur dévoué, en chassant l'indigence,
Au monde travailleur, fit briller l'espérance.
Naguère, l'ouvrier voyait l'image sombre
Que le temps, au lointain développait dans l'ombre,
Une sourde pensée effrayait sa jeunesse,
Effaçait le sourire à son âme en détresse,
Troublait, à son foyer, le repos chaque jour,

Faisait fuir le bonheur, éloignait tout amour.
Regarde, disait-elle, au livre du destin ;
A toi le lourd fardeau, et du soir au matin,
Tu gémiras sans cesse, accablé de souffrance,
En atteignant un jour l'âge de l'impuissance.
Redoutable vision qui nous fait tressaillir,
Nous qui tous aujourd'hui saluons l'avenir.
En ce temps, il est vrai, on craignait la misère,
Le fléau se montrait et faisait grande guerre.

De douleurs en douleurs il fallait qu'on succombe.
Enchaîné, le chagrin conduisait à la tombe,
Soucieux et proscrit, du malheur héritier,

Oublié ici-bas, tel était l'ouvrier.
EXEMPLE :
Un jour, un vieillard pauvre, admirant la nature
Vivifiante, embaumée, en sa retraite obscure,
Réchauffant au soleil son corps tout rendurci
Il disait : Charité, je suis à ta merci !
Espoir n'est plus ; soudain sa poitrine l'oppresse,
Retrouvant la vigueur, jette un cri d'allégresse
Sous les brûlants rayons, vivifiante chaleur

Entouré de beauté, il oublie son malheur.
Tout entier, son esprit lui montre son aurore ;

De plaisir, son visage animé se colore ;
Exilé du bonheur, et son âme en délire
Sous un rêve brillant, sa jeunesse il admire,

Et dans l'illusion, sous l'imposant silence,
Maigre et défiguré, dans cette somnolence,
Ployé, les cheveux blancs, il cherche l'âge d'or.
Le tourment disparaît, l'esprit prend son essor ;
Offrant un doux mirage à son cœur interdit,
Yeux rêveurs, il revoit son berceau qu'il bénit.
Exaucez ma prière, ô beaux jours d'innocence ;
Sous mes rideaux vieillis apaisez ma souffrance.

De l'amour maternel, éveillez le doux gage,
En mon âme allourdie après si long voyage.

L L'amitié, le bonheur, guidaient mes premiers pas
A Au jour de mon entrée au monde d'ici-bas.

M Mes jeux et mon sourire étaient les bienvenus,
A Aimaient et protégaient mes gaietés ingénues ;
I Ignorant le chagrin au loin de la misère,
S Sur son sein, les baisers me prodiguait ma mère.
O O vous, tendre jeunesse, affolée aux plaisirs,
N N'oubliez pas l'enfance en tous vos souvenirs.

L Le soleil, tout à coup, assombrit sa lumière,
E Effaça ses rayons, fit place à la poussière.
C Contre un vent furieux, de noirs, d'épais nuages,
L Le beau temps disparaît au fracas des orages.
A Aussitôt le vieillard tremble tout comme en fièvre,
I Il tressaille, et le froid appesantit sa lèvre.
R Rejetant de ses yeux les larmes de douleur,
E En pleurant il priait sur son plus grand malheur.

A Abattu, tout pensif, et le voyant pâlir

D De ses maux, je disais : Comme il a dû souffrir !
E Ensuite, il se leva, affaibli, tout en nage,
F Fit un pas en avant, jusqu'auprès d'une image.
O Oh ! oui, je m'en souviens, disait-il, pauvre père,
U Une sombre journée, en tout point délétère,
R Répandit la terreur sinistre parmi nous.
N Nuage épais en feu, l'ouragan en courroux
A Avait lancé l'enfer et la foudre en furie.
U Un homme entra chez nous, blanc, comme en léthargie,
X Xavier était son nom. Sa pâleur était sombre ;

E En le suivant des yeux, je croyais voir une ombre
T Tout là-bas ! s'écrie-t-il. Oh ! oui, terrible sort !

Comme on quittait l'ouvrage, au chantier sur le port,
Où les vagues brisées retombaient sur la tête
Mugissantes et glacées, au fort de la tempête.
Pierre, votre mari, était là sans frémir
Abrité sous le pont du bateau *le Zéphir*.
Grand Dieu! un bruit sinistre aussitôt retentit;
Nos sens paralysés, le feu tout engloutit.
Incendie horrible, et le ciel sur la terre
En cet instant sur nous rejetait sa colère.

Aveuglés tout d'un coup, nos sens abasourdis,
Sur le sol, lourdement nous tombions engourdis,
Suivant tout en émoi ce récit foudroyant.
O ciel ! les yeux levés, immobile, effrayant,
Cédant à son chagrin et tremblant en stupeur,
— Il est mort! dit ma mère, affligée en douleur ;
Et là, quatre porteurs à la figure austère,
Silencieux, rentraient un cadavre, mon père !

Dès lors, je vois toujours ce bien triste tableau.
Au milieu la clarté que j'étais, un flambeau
N'éclairant qu'à demi, un enfant tout en deuil,
Sa mère et lui pleuraient, priant près d'un cercueil.

Le matin, celui-ci étendu, qu'on veillait
En quittant sa maison, au bonheur souriait.
Son front tout radieux, supposait un beau jour,

Bientôt, leur disait-il, je serai de retour.
Et dans ces lieux jadis, où naissaient tous les charmes,
Nul dès lors ne vit plus que du noir et des larmes.
Enfin, le lendemain du funeste malheur,
Fatal et douloureux, qui terrifia mon cœur,
Il me fallut quitter les jeux de mon jeune âge,
Comprimer ma douleur, pour aller à l'ouvrage.
En cachant bien mes pleurs je fus vite agréé
Sur la liste ouvrière de la noire cheminée.

Des fatigues, sitôt, chétive créature,
Unique enfant, déjà voguer à l'aventure !

Pauvre prédestiné ! Huit ans je n'avais pas ;
A la cloche, en l'usine on acceptait mes bras.
Tout soucieux j'étais quand, passant dans la rue,
Regardant les enfants qui riaient à ma vue,
Oubliant mon malheur, un jour je voulais rire.
Ne pensant plus à rien, j'étais plein de désir ;

De suite j'approchais ; mes petits camarades,
Effarés, se sauvaient en faisant des gambades,

Levant leurs yeux méchants, disant en étourdis :
Enfuyons-nous bien loin, c'est un enfant banni.
Nous sauver ! mais pourquoi ? J'avais aussi mon père
Tout comme vous, j'étais, hélas ! il est en terre !
Regardez, je travaille et nourris mon enfance
Et vieil homme serai avant l'adolescence.
Pour me bannir ainsi, j'étais de vos amis ;
Redites à mes maux : Quel crime ai-je commis ?
Il me semble le voir, je le sens dans mon cœur,
Sur terre, désormais, j'ai perdu le bonheur.
Et ce crime fatal, terrible vérité !

Il est grand, je l'avoue, c'est d'être en pauvreté.
Non, disais-je aussitôt, pauvreté n'est pas crime ;
Du courage au travail et l'on sort de l'abîme !
Un an vite passa ; travaillant sans relâche,
Sans calculer ma force, on me donnait ma tâche.
Tous m'excitaient l'orgueil, qui me faisait fléchir.
Rudes sont ces travaux, j'avais peine à tenir.
Il fallait pourtant bien résister de la sorte,
Et sinon, pauvre enfant, l'on t'eût mis à la porte.
L'ouvrage était toujours, et sans repos ni trêve
L'apprenti se formait ; je voulais qu'il s'achève ;
Et déployant mon zèle avec intelligence,

D D'arriver ouvrier j'avais l'impatience.
E Enfin, dit le vieillard, ce beau jour apparut.

P Parmi ses compagnons, mon patron me reçut ;
E Et comme eux, samedi, le soir d'une quinzaine,
I Il appela mon nom, me paya. Quelle aubaine !
N Non, dire en cet instant ma joie fut indicible ;
T Tout enfant que j'étais, je rêvais l'impossible.
U Un trésor je touchais, recevant un salaire,
R Réjoui, fallait voir, en courant chez ma mère
E Et fier de ma valeur, lui donnant un baiser,

S Sur elle, en souriant, mes sous vins déposer.
I — Il faut, mère chérie, être moins soucieuse,
S Sur le sol aujourd'hui devenir plus heureuse
E Et bientôt parmi nous, plus jamais d'embarras.

R Recherchant un sourire et me tendant les bras :
U — Un jour pour toi, dit-elle, oh ! oui, j'ai bon espoir.
E Écoute de ton cœur le serment du devoir ;

S Suis l'exemple des bons, toujours laborieux,
A Au travail en tout temps l'on est victorieux.
I Impose-toi cela, et même en plein tourment,
N Ne néglige jamais de vivre honnêtement.
T Tels étaient ses vœux, que je mis en pratique.

G Grande était mon épreuve. Enfant dans la fabrique,
E En butte à l'humeur noire, presque toujours injustes,
O Ou brutalement me traitaient des gens robustes.
R Rendurci aux chagrins, j'endurais sans frémir ;
G Grandi dans le malheur, je savais bien souffrir,
E Et, malgré tous mes maux, j'étais loin de me plaindre,
S Sur terre ayant un but que je voulais atteindre.

Oui, j'espérais alors des fruits de ma jeunesse
Ne point voir la misère en mes jours de vieillesse.
Zélé dans les travaux de jour comme de veille,
En ce temps, j'attendais toujours une merveille.

Ah ! grande fut du sort l'ironie d'esclavage.

Pauvre je suis resté, malgré tout mon courage.
A sa triste pensée, on vit ce bon vieillard
Réfléchir longuement, puis, levant son regard,
Il y avait un pâle et douloureux sourire,
Son visage abattu dans un affreux délire,

Son front tout ruisselant de soucis et d'alarmes,
Ombre de lui-même, dans ses yeux brillaient des larmes
Univers que le ciel céleste réjouit,
Vous que la nature prodigue aime et bénit,
En ce jour regardez, admirez votre ouvrage ;
Ne changerez-vous point ce malheureux partage ?
Il a rempli sa tâche, et ce pauvre martyr
Rien ne voit que douleur dans tout son souvenir.

De ce cœur tout brisé, en sa pauvre chaumière,
Entendez les sanglots ; écoutez la prière.

Résigné, soulevant son humide paupière
Et poursuivant plus loin sa pénible carrière,
Calme et tout résigné, il revoit la fabrique,
Oh ! dans ce temps aimé, il avait sa réplique.
Ne voyait que le beau, jamais de non-valeur.
N'avait-il pas pour lui la jeunesse et du cœur ?
Au matin son patron lui parlait en ami,
Il le chérissait presque, et bien que celui-ci
S'était multiplié par son intelligence,
Ses forces redoublaient, et son expérience.
A son tour, l'exploiteur maître de ses services,
N'était qu'ambitieux en tous ses artifices,
Car il cherchait toujours un moyen équitable,
Et pour agrandir mieux sa fortune et sa table.

Et au moteur vivant quelques deniers à peine ;
Tout au plus, il jetait à la machine humaine

De quoi pour le vêtir et rassasier sa faim.
Allons ! baisse le dos, toujours, voilà du pain.
Matinal travailleur ; tes enfants crient misère,
Ils sont là, grelottant, couchés sur la litière
Tout à jour ton logis, par la porte disjointe ;
Il pleut, vente partout, — misère n'est pas feinte.
— Et pourtant dans son cœur, oui, tout lui souriait.

Dure était l'existence, mais son pain il gagnait.
Une famille aimée est plus belle noblesse ;

Grande fatigue au jour, mais, le soir, la tendresse
Reposait dans son cœur ; ses enfants l'embrassaient.
A ses côtés, sa mère et sa femme avançaient,
N'était-il pas heureux ? Ce monde était sa joie,
Du bonheur des élus il était sur la voie ;

Jeunes enfants, vieillard, lui rendaient ses caresses ;
Oubliant l'infortune, il chantait les richesses,
Un poëme enivrant et de charmes et d'amour
Retraçant de son cœur la joie de chaque jour.

Dans ce temps il avait grand espoir, l'avenir
Était loin ; l'imprudent ne voyait rien venir.

Fatal sort, sa jeunesse avait un lendemain
Et, vieillissant, les maux se succédaient sans fin,
Triste lot ! il comptait, se croyant affranchi,
En celui que ses bras avaient tant enrichi,

Devant lequel il eût donné tout son repos,
Un homme qui toujours l'avait trouvé dispos.

Devenu patron, riche et grand industriel,
Il vendit tout : maison, clients et matériel,
Pour s'en aller du bruit, bien loin, comme il disait.
Le lendemain on vit que l'usine plaisait ;
Où le prédécesseur enrichi cédait place,
Maintenant on voyait un visage de glace.
Entraîné par l'appât de l'or, de la fortune,

Dans l'usine il triait, brisant qui l'importune.
Hélas ! huit jours après le départ du vieux maître,
On dit : Quel changement va bientôt apparaître !
Non pas pour le bonheur des anciens ouvriers.
Nous, se dit le vieillard, doyen des ateliers,
Entourés de travaux fatigants pour notre âge,
Un froid pressentiment me montra le chômage,
Regardant le présent qui venait m'assaillir.

En tout côté, je dis qui m'avait vu vieillir.
Tous les coins me montraient mes travaux de concours

De la maison ; j'étais comptant finir mes jours.
Eh bien ! un inconnu venait poser des lois,
Son bon cœur envers nous compta tous ses exploits.

Me fixant à la paye et la tâche remplie,
Il faudra, me dit-il, chercher pour votre vie.
Le jour où de l'usine, on me donna l'acquit,
La jeunesse eut mon choix, je restais interdit.
Eh quoi ! vous me chassez ! vieux, je suis sans ressource.

—Fallait vous mettre en garde, amasser plusieurs bourses.
Reculant à ces mots, fou, j'étais de douleur,
— Amasser, ah ! monsieur ! riez de mon malheur ;
Non, je suis sans denier, mais sur moi rien à dire,
Car je me suis conduit comme on doit se conduire.
Sur mes bras, femme, enfants et mère à soutenir,

D'argent, juste on gagnait, j'en ai le souvenir,
Et que vouliez-vous donc que je fisse? un méfait?

Pauvre, je suis resté, je crois que j'ai bien fait.
Et me montrant la porte, affligé, je sortis
Non sans maudire le sort, par qui j'étais surpris.
Sur les murs du travail, où j'étais en renom,
Il fallut oublier, même jusqu'à son nom.
Oh! destinée impie, aujourd'hui je suis seul!
Nature effroyable, qui mit dans son linceul

Les chéris de mon cœur, l'amour et l'innocence!
Oh! si longtemps pourquoi me laisser l'existence?
Une besace au dos, cherchant à l'aventure,
Il me faut aujourd'hui trouver ma nourriture.
Sur terre, en l'avenir j'étais trop confiant;

Faible fut ma jeunesse, et vieux suis mendiant.
Récolte du travail, néant! En ma demeure
Où finiront mes jours, car bientôt voici l'heure.
Misère, inspire-moi! je vois mon piédestal
Entouré de malheur; je meurs à l'hôpital.
Nous avons, chers messieurs, suivi en bon bourgeois
Tous les tableaux vivants d'un drame d'autrefois,

Où le mal dominait, lançant des étincelles.
Un fléau disparut devant les mutuelles;
Vous lisez la misère en toute l'étendue;
Regardons aujourd'hui les changements à vue.
Il se trouve un sourire où se brisaient des larmes,
Et la vie ouvrière est passée dans les charmes.
Règne de jeunesse, combattons la misère.

Pour fuir ses désastres, déclarons-lui la guerre.
Endossons du travail l'armure, le courage.
Intelligence, il faut déployer davantage.
Nos armes sont chargées ; en avant, cœurs et bras !
Tous courons sus à elle, ordonnant son trépas.
Redressons notre front, l'avenir nous caresse ;
Et jetant loin de nous les craintes de vieillesse,

Détournons l'indigence du foyer domestique.
Oublie-t-on qu'aujourd'hui nous avons la réplique ?
Range-toi hors d'ici, infâme mécréante,
Et l'idéal paraît, les MILLE francs de rente.
Un mot encore, amis ; célébrons la victoire
Réunis en ces lieux, admirons notre gloire.

Sous la voûte azurée en ce vaste séjour
On chante la louange, on bénit notre amour.
Cette heure a plus d'un titre, elle est notre espérance ;
Il faut la saluer par la reconnaissance.
En ce jour honorons le digne fondateur :
Travailleurs et rentiers, ouvrons-lui notre cœur.
Aujourd'hui du progrès cette fête anniversaire ;
Inclinons le drapeau, hommage à JEAN LECLAIRE !
Rendons gloire au mérite, honneur à DÉFOURNAUX ;
En tout point il suivit le maître en ses travaux.

Le problème divin, travail et capital,
Est enfin résolu, par acte social.

On traita de chimère en des temps reculés ;
Notre chef-d'œuvre est là mille fois couronné.
Zélateurs du travail, redoublons de courage ;
En la cause il faudra braver plus d'un orage,

Montrer au monde entier l'exemple et la sagesse
Avec lesquels on peut obtenir la richesse.
Rappelons-lui toujours que l'association
Sera le complément de civilisation.

M   Messieurs, en ce moment soyons tous unanimes ;
I   Invoquons ici-bas les esprits magnanimes ;
L   Leur présence en ces lieux doit embellir la fête.

H   Humbles innovateurs, soyez à notre tête.
U   Unis et parmi nous dans ce temple d'amour,
I   Illustres, descendez de la céleste cour ;
T   Tout en vous l'on bénit les actes solennels :

C   Cessez d'être héros, devenez immortels ;
E   En ce jour de beauté tout est grand, tout rayonne ;
N   Nous avons sur vos fronts déposé la couronne,
T   Tout en nous vit par vous, bonheur et loyauté,

S   Sentiments, dévouement et la fraternité.
O   Ouvriers et rentiers, amis, sociétaires,
I   Il nous faut glorifier la fête des salaires.
X   Xerxès, roi de Perse, imitant Lucullus,
A   Au plus beau d'un festin déclamait l'*Oremus*.
N   Nous, Français, en ces lieux, du progrès descendant,
T   Tous portons un toast à notre président.
E   En ce jour de bonheur, honorons de concert

D   Des élus de nos cœurs Monsieur Charles Robert.
I   Illustrons le travail par un cri d'allégresse.
X   Xénophon philosophe eût chanté la jeunesse

S   Sous ces lambris dorés ; moi, je dis aussitôt :
E   En l'honneur de Messieurs Redouly et Marquot
P   Pour la grande sagesse et l'esprit d'équité
T   Tous ensemble buvons à la prospérité ! »

Les premières lettres de chaque ligne forment, réunies entre elles :

AU BANQUET FRATERNEL DES OUVRIERS ET DES EM-PLOYÉS DE LA MAISON LECLAIRE, A. DÉFOURNAUX ET COMPAGNIE, ASSOCIÉS DANS LES BÉNÉFICES DU PATRON DE L'ENTREPRISE INDUSTRIELLE DE PEINTURE SISE RUE SAINT-GEORGES, ONZE, A PARIS. SOUVENIR DE RECON-NAISSANCE ET D'AMITIÉ DU GRAND JOUR DE FÊTE, DU DIPLOME D'HONNEUR ET DES MILLE FRANCS DE PENSION. LOUIS FROMENT, OUVRIER PEINTRE DOREUR, SOCIÉTAIRE, LE ONZE MARS MIL HUIT CENT SOIXANTE-DIX-SEPT.

IMPRIMERIE CENTRALE DES CHEMINS DE FER. — A. CHAIX ET Cᵉ,
RUE BERGÈRE, 20, A PARIS. — 8514-7.

IMPRIMERIE CENTRALE DES CHEMINS DE FER. — A. CHAIX ET Cie,
RUE BERGÈRE, 20, A PARIS. — 5816-7.

9 782329 621807